who?
special

***글 이혜원***

누구보다 이야기를 사랑하고 즐깁니다. 재미난 이야기로 어린이들의 마음을 따뜻하게 할 글을 쓰고자 노력하고 있습니다. 쓴 책으로는《who? 스페셜 이강인》등이 있습니다.

***그림 이대종***

2007년부터 교양 만화를 그리기 시작했습니다. 조금 더 재미있고 유익한 만화를 만들기 위해늘 고민하고 있습니다. 대표작으로는《수학 삼국지》,《카툰 영어》,《카툰 국사》,《만화 데카르트 방법서설》,《SOS 과학구조대 황사의 습격에서 지구를 구하라》,《who? 한국사 김옥균》등이 있습니다.

다산어린이 공식 카페

**책을 더 재미있게, 책을 더 오래 기억하는 방법**

다산어린이 공식 카페에는 다양한 독서 활동 자료가 있습니다.
자료를 활용하여 아이들의 독서 흥미를 더욱 키워 주세요.

# LIM

who? special

# 임영웅

글 이혜원 ◆ 그림 이대종

다산어린이

## 자신만의 멘토를 만날 수 있는 who? 시리즈

다산어린이의 《who?》 시리즈는 어린이들은 물론 어른들에게도 재미와 감동을 주는 교양 만화입니다. 《who?》 시리즈는 전 세계 인류에 영향력을 끼친 인물들로 구성되었으며 인물들의 삶과 사상을 객관적으로 전해 줍니다.

이처럼 다양한 나라와 분야에서 활약한 위인들의 이야기를 통해 과학, 예술, 정치, 사상에 관한 정보는 물론이고, 나라별 문화와 역사까지 배우게 될 것입니다. 《who?》 시리즈의 가장 큰 장점은 위인들이 그들의 삶에서 겪은 기쁨과 슬픔, 좌절과 시련, 감동을 어린이들이 함께 느낄 수 있다는 것입니다. 어린이들은 이 책을 읽으면서 폭넓은 감수성을 함양하게 됩니다.

《who?》 시리즈의 어린이 독자들이 책 속의 위인들을 통해 자신만의 멘토를 만나 미래의 세계적인 리더로 성장하기를 진심으로 응원합니다.

**에드워드 슐츠** Edward J. Shultz

하와이 주립 대학교 언어학부 교수

하와이 주립 대학교 언어학부 교수인 에드워드 슐츠는 동 대학의 한국학센터 한국학 편집장을 역임한 세계적인 석학입니다.

## 세상을 더 나은 곳으로 만든 사람들의 이야기

어린이들은 자라면서 수많은 궁금증을 가지게 됩니다. 그중에서도 "저 사람은 누굴까?"라는 질문은 종종 아이들의 머릿속을 온통 지배해 버리기도 합니다. 다산어린이에서 출간된《who?》시리즈는 그런 궁금증을 해결해 주기 위해 지구촌 다양한 분야의 리더들을 소개하고 있습니다.

《who?》시리즈에 등장하는 인물들은 인종과 성별을 넘어 세상을 더 나은 곳으로 만든 사람들입니다. 어린이들은 이 책에서 디지털 아이콘으로 불리는 스티브 잡스는 물론 니콜라 테슬라와 같은 천재 발명가를 만날 수 있습니다.

책 속 주인공들의 어린 시절 이야기를 통해 기쁨과 슬픔, 도전과 성취감을 함께 맛보고, 그들과 함께 성장하면서 스스로 창조적이고 인류에 도움이 되는 사람이 되겠다는 포부와 자신감을 갖게 될 것입니다.《who?》시리즈 속에서 다채롭고 생동감 넘치는 위인들의 이야기를 만나 보세요.

# 차례

와
와
LIM YOUNG WOONG
IM HERO
와아
와 아

척
건행!
건강하고 행복하세요.
임영웅입니다.

와아아아아

여러분~
한 가지 여쭤 보겠습니다.
혹시 작년에 건강 검진
받으셨나요?

???
?

작년에 건강 검진 안 받으셨다면
올해는 꼭 건강 검진 받으세요!
그래야 저랑 오래오래
만날 수 있으니까요. 알았죠?
찡긋
척

당신이 얼마나 내게~

월세도 제대로 못 내고,
군고구마 팔아
끼니를 때우던 지난 날….
힘든 무명 시절을 꿋꿋이
견딜 수 있었던 건 항상 나를
응원해 주는 팬들 덕분이야.
많은 이들의 마음에 둥지를 튼 트로트계의
영웅, 임영웅의 이야기가 지금 시작됩니다.

# 1장

## 영웅의 탄생

세상을 구하는

영웅이 되란 의미예요.

씩씩하고 당당하게!

여보~

스윽
기쁜 소식이 있어요.

기쁜 소식?

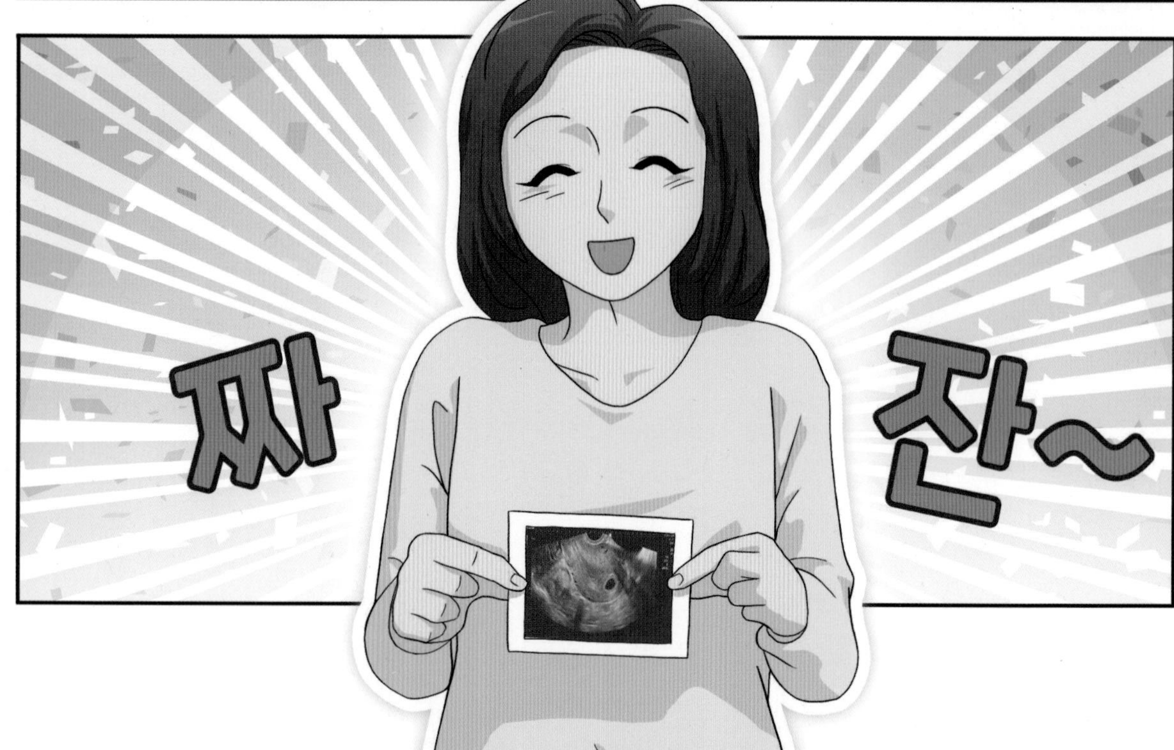
짜잔~

우리도 이제
부모가 된대요.
스윽...
네?

이거 꿈 아니죠?
꽈악
아야!

내가 아빠가 된다니!
팟
하하하

흐흐흐, 이날을 위해
준비한 게 있지요.
??
뭔데 그래요?
으
쓱

탁
옥편 玉篇

스르륵

英雄 영웅
英 꽃부리 영 雄 수컷 웅
슥슥

아이 이름으로
영웅 어때요?
음…
헉
영웅이요?
임영웅?

세상을 구하는 영웅이 되란 의미예요.
씩씩하고 당당하게!
사람은 이름 따라간다지만,
너무 센 이름은 좋지 않다던데요.
하핫!

흠…
이름 때문에
놀림받으면 어떡해요.

둘째는 본색으로
지으려고 했는데요?
깜짝

영웅…? 본색…?
세상에, 영화 제목이잖아요!
후훗

내 작명 센스 어때요?
반짝
반짝
척

어휴,
못 말려 진짜.
헤헤

우리 영웅이에게
멋지고 든든한 아빠가
되어 줄 거예요.
끄덕

몇 년 뒤

끼익
하하
끼익

아빠,
하늘에 닿을 정도로
더 세게 밀어 줘요.

자, 우주까지
날아가 볼까!
하하하
팟
부웅~

헤헤
부~웅~

아빠
너무 신나요~
하하하
스윽

나도 아빠가 계셨다면
저렇게 놀아 주셨을까?

저벅
저벅

흔들
흔들

끼익

스윽
삼촌, 안녕히 주무세요.
그래,
영웅이도 잘 자라.

엄마가 잠시만 삼촌 집에서 지내라고 하셨어.
지금은 엄마 보고 싶다고 떼쓰면 안 돼.
스…

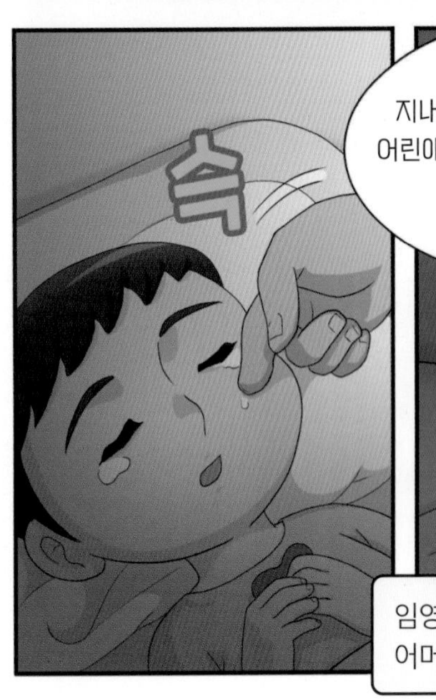


투정 부리지 않고
지내는 거 보면 기특하기도 하고,
어린애가 얼마나 엄마가 보고 싶을까
짠하기도 하고. 녀석,
넌 큰 인물이 될 거야.

임영웅은 어린 나이에 사고로 사랑하는 아버지를 잃었습니다. 그 후 생계를 위해 어머니와도 떨어져 지내야 했지만, 임영웅은 늘 씩씩하려 노력했습니다.

몇 년 뒤

엄마!
슥
휙
왜?

제가 뭐
도와드릴까요?

그럼 빨래 다 말랐으면
개어 줄래?
호호

네, 알겠어요!

또 뭐 도와드릴 거
없어요?
슥
그럼
화분에 물 좀 줄래?
헤헤
네, 알겠어요!

룰루
랄라~
엄마, 또 뭐
도와드릴 거 있어요?
이제 없어.
좀 쉬어, 영웅아.

에이, 남은 게 하나 있죠.
영웅이표 안마!
찡긋
척
우리 영웅이
다 컸네.
그럼요!
난 엄마를 지키는
영웅이인 걸요!
꾸욱
꾸욱
임영웅은 일하느라 바쁜 어머니에게 의지가 되는
아들이 될 수 있도록 늘 노력했습니다.

시끌
시끌

오, 역시 영웅이
축구 실력은 대단해!
뻥
깜짝

이 정도쯤이야.
하하

이번 반 대항 축구 경기는
너만 믿는다, 영웅아.
끄덕
끄덕
척

뻥
슈우우

아, 내가 가져올게!
슥

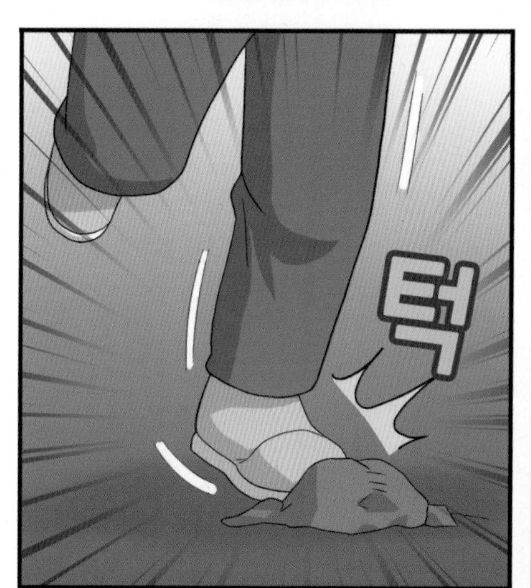
턱

으악!
퍽
콰당

영웅아,
너 피 나!
깜짝

피가 난다고?
생각보다
상처가 심각해!

스윽

진짜 피잖아!
깜짝

어떡하지?

버럭
어떡하긴!
빨리 병원에 가야지!!

수 술 실
안절부절

슥
위잉

꽤나 큰 상처여서
서른 바늘 정도
꼬맨 것 같습니다.

감사합니다.
꾸벅
흠...

그리고
어머니께서 아셔야 하는
부분이 있습니다.
깜짝
네?

상처 부위가 워낙 깊어서
신경까지 손상을 입었습니다.
아이가 자라면서 후유증이
생길 수도 있습니다.
그럼 어떻게
되는 거죠?

표정이 부자연스러워질 수도
있습니다.

세, 세상에….

우선 기본적인 수술은 잘 됐습니다.
추후 신경과 흉터 치료를 진행하면서
경과를 지켜보시는 게 좋을 것 같습니다.

수술실
흐흑
흑
수술이 잘 됐다니 정말
다행이야. 앞으로 치료비가
많이 들겠지만 어떻게든
마련해 보자….

며칠 뒤

우리 멋진 영웅이 얼굴에
흉터가 생겨서 어떡해.
스슥

이거 흉터 아니에요.
헤헷

흉터가 아니라고?
?
?

잘 보면
'나이키' 모양 같지 않아요?
멋지죠?
척

자세히 보니 정말 그렇네.
호호

헤헤
보조개처럼
보이기도 해요!
스윽

그러게.
보조개 같기도 하네.
글썽

와
엄마! 그러니까
너무 속상해 하지 마세요.
전 괜찮아요.
락

여보, 우리 영웅이가 다 컸어요.
엄마를 위로할 줄도 알고요.
옥...

웃을 때 한쪽에
더 힘을 줘야 하지만
엄마에게는 비밀로 하자.
분명 걱정하실 거야.

통합 지식 플러스 ①

# 트로트의 역사

한때 어르신들의 음악으로만 인식되었지만 이제는 다양한 연령층의 사랑을 받고 있는 트로트! 트로트에 대해 자세히 알아보아요.

## 하나 트로트의 탄생

트로트라는 이름은 1910년 미국에서 탄생한 초기 재즈 리듬의 사교댄스인 폭스트롯(foxtrot)에서 유래되었어요. 민요를 비롯한 한국 전통 음악이 서양의 블루스 계통의 음악, 일본의 엔카에 영향을 받으며 트로트라는 장르가 탄생했어요. 이후 한국만의 독자적인 요소를 발전시키며 우리가 즐겨 듣는 트로트가 되었지요.

## 둘 트로트의 역사

### ● 1930년대

당시에는 트로트풍의 유행가가 있었어요. 노래는 서정성을 드러내고 가사나 곡의 의미가 중요한 시대였지요. 대표적으로 이난영의 '목포의 눈물', 김정구의 '눈물 젖은 두만강' 등이 있어요.

### ● 1940~1950년대

1940년대 이후 트로트는 다양한 변화를 맞이했어요. 시대적 아픔을 노래하던 시기를 지나 낭만과 풍류를 노래하기 시작했지요. 대표적으로 현인의 '신라의 달밤' 등이 있어요. 1950년대에 들어오면서 트로트라는 용어가 음반에 표기되기 시작했어요. 이때는 한국 전쟁 당시의 상황과 감정을 주로 노래했어요.

### ● 1960년대

LP판이 대중음악 산업에 큰 영향을 끼치면서 록이나 다양한 번안 가요들이 등장했어요. 그럼에도 트로트의 인기는 식을 줄 몰랐지요. 이 시기부터 한국만의 독자적인 특징을 담아 하나의 장르로 발전하기 시작했어요. 주한 미군을 위로하는 '미8군 쇼' 출신의 가수들이 눈부신 활약을 펼쳤어요. 미8군 쇼는 현재의 기획사처럼 대중음악 인재를 배출하는 무대였어요. 대표적인 스타로 현미, 패티김, 신중현 등이 있지요.

## ● 1970년대

신인 가수였던 남진, 나훈아가 라이벌 체제를 이루어 대한민국 가요계를 주름잡았어요. 특히 남진은 해외 팝 스타일의 빠른 트로트를, 나훈아는 정통 트로트를 선보이며 서로 다른 장점을 뽐냈어요. 이때부터 정통 트로트 외에도 다양한 음악적 요소를 갖춘 트로트로 세분화되지요. 특히 이 시기에는 여성 트로트 가수들이 대거 등장했어요. 대표적인 가수로 김수희, 심수봉, 주현미 등이 있어요.

## ● 1980년대

이 시기 트로트는 신나는 리듬의 4박자로 대중에게 조금 더 쉽게 다가오면서 인기가 절정에 달했어요. 특히 설운도, 송대관, 태진아, 현철의 활약이 두드러졌어요. 오랜 무명을 거친 현철은 '봉선화 연정'으로 KBS 가요대상 본상을 수상하며 인기를 입증했어요. 태진아와 송대관도 가요차트에서 상위권을 차지하며 전성기를 누렸지요.

1982년 설운도는 <이산가족을 찾습니다>에 출연해 데뷔곡 '잃어버린 30년'을 불러 전 세대에 폭넓은 사랑을 받았어요. 이들은 정통 트로트를 고수하는 방식과 약간 다른 음악적 요소를 가미해 새로운 트로트를 선보였지요. 이로써 트로트는 더욱 다채로워졌지요.

## ● 1990~2000년대

록, 발라드, 댄스, 힙합 등 다양한 장르가 생겨나면서 트로트는 점차 소외되기 시작했어요. 대중들의 음악적 취향이 변화하고 다양한 장르가 인기를 끌게 된 결과였지요.

2000년대에 들어오면서 트로트는 변화하기 시작했어요. 트로트에 다양한 장르를 결합한 '네오 트로트'라는 새로운 개념이 나타났어요. 전통적인 트로트의 요소와 감성을 유지하면서도 현대적인 음악적 표현을 결합해 트로트를 더욱 접근하기 쉽게 만들어 주었지요. 대표적인 네오 트로트 가수로 장윤정과 박현빈이 있어요.

인기에 힘입어 아이돌 가수들도 네오 트로트 앨범을 발매했어요. 슈퍼주니어 T의 '로꾸거', 빅뱅 대성의 '날 봐 귀순' 등이 있지요. 네오 트로트의 등장은 트로트의 부활을 이끌었고, 이후 다양한 스타일의 트로트가 등장하면서 트로트는 다시 한 번 가요계에서 주목받게 되었어요.

네오 트로트를 유행시킨 박현빈과 장윤정

# 2장

## 영웅의 꿈

"좀 힘들어도 저는 꾸준히
열심히 할 자신이 있습니다.
노래로 사람들을 감동시키는 게
제 꿈이 됐어요."

영웅아!
슥

괜찮은 거야?
상처가 깊다며.
하하
그럭저럭?

너, 축구 선수 되려고
이런 일이 생겼나봐.
축구 선수?
척

축구하다 다쳤잖아.
아무래도 축구와의 인연이 질긴 게,
넌 축구 선수가 될 운명인 거지!
흠…
그런가?

게다가 넌 축구 실력도 좋잖아.
축구만 전문으로 알려 주는 학교도 있다는데,
그런 곳을 가 보는 건 어때?

일 년 뒤

영웅이 넌 축구 실력은 좋은데,
혼자서만 하려 해.
축구는 팀 플레이란 걸 잊지 마.
팡
팡
팡

패스!
뻥
턱

슛!
슈우웅
빼엉

아, 아니
왜 상대편에게….
???
패스!
뻥

축구는 제 길이
아닌 거 같아요.
저보다 잘하는 친구들이
더 많네요.
그래, 영웅이에게
더 맞는 길이 있겠지.
헥
헥
헥

민들레공간
MINDLELE SPACE
빠르게 키우기 보다 바르게
대호태권도장
흠…
죽, 수제비에 빠지다
수제비 愛
나는 미래에
어떤 사람이 되어 있을까?

태권도…?
빠르게 키우기 보다 바르게
대호태권도장

그래, 태권도를 배우면 태권도 선수는 되기 힘들더라도
태권도 사범은 될 수 있을 거야.

이게 진짜 나의 길일까?
태권도 사범이 되면
행복하게 살 수 있을까?
중학생이 된 임영웅은 태권도 학원에 다니며 자신의 진로를 찾으려
노력했지만 그의 고민은 날이 갈수록 깊어져만 갔습니다.

아~ 공부하기 싫다.
휴~

학원 다니면
야간 자율 학습 빠질 수 있잖아.
너 태권도 학원 다닌다며?
응?
슥

태권도 학원
그만둔 지가 언젠데.
태권도는 아무래도
내 길이 아닌 거 같아.

그럼 혹시 나랑 같이
실용 음악 학원 가 볼래?
실용 음악?
스윽

요즘 K-POP이라고 해서
우리나라 대중가요가 세계적으로
엄청 인기라는 거 너도 알지?
척

!!
끄덕
끄덕

그래서 학원 입학하는 것부터가
무척 어렵대! 엄격하게 테스트를 해서
재능 있는 사람들만 받아 준다더라.
와
와
훗!
재미있겠다.
우리 해 보자!

결정이 빠르네.
그래, 내일 바로 가 보자!

뭐 준비해야 하나?
야~ 그냥 가도 되지,
뭘.

휴~

막상 오니까 떨리네….

후~

걱정하지 마.
우리 둘은 무조건 통과야!

후~

웅성

웅성

먼저 김춘식 씨.
쓱
흠! 흠!
두 번 다시이익! 울지 않아아악!
빼에엑

푸흡, 잘 들었습니다.
풉

합격인가요?
휙

단호
죄송하지만
불합격입니다.
척

네….
추욱

다음 참가자, 임영웅 씨.
준비한 노래해 주세요.
슥

네!

오, 이런 음색
오랜만이네요.

듣고 있으니 마음이
따스해지는 것 같아요.

너무너무
잘 들었어요!
아직 다듬어지지 않았지만
재능이 돋보이네요.
우리 학원에서 잘 배워 두면
좋은 가수가 될 수 있을 거예요.
짝 짝
짝
짝
짝
짝

하하

예?
영웅이는 합격이고
저는 불합격이라고요?

엉엉

감사합니다,
열심히 하겠습니다!

꾸벅

영웅아. 솔직히 말해 봐.
나 그렇게 못하냐?
내 꿈이 가수란 말이야.
으앙
하하

글쎄….
음…

오늘 진짜 고된 하루다.
으아앙
팍

이미 지난 일 잊어버려.
내가 맛있는 거 사 줄게.
먹고 훌훌 털어 버리자.
푹~
상하이반점

임영웅은 친구를 따라 참여한 실용 음악 학원 오디션에서 좋은 평가를 받게 되면서 자신의 진로를 노래로 정하게 됩니다. 이후 생활비와 학원비를 스스로 벌기 위해 여러 아르바이트를 병행하기 시작했습니다.

교무실

흠….

그래, 그러니까 영웅이는 무슨 과를 가겠다고?
실용 음악과입니다.

네!
실용 음악과 나와서 가수하겠다는 건가?
스윽

그래, 지금은 전공과는 상관없이
자동차 영업을 하고 있다더라.

슥

물론 어렵고 힘들 거라 생각합니다.
하지만 좀 힘들어도 저는 꾸준하게
열심히 할 자신이 있습니다.
노래로 사람들을
감동시키는 게 제 꿈이 됐거든요.

말리지는 않겠다만,
늘 생각해 둬라.
무명 가수로 끝날 수도
있다는 것을.

난 반드시 세계 최고의
가수가 될 거야!

꽈악

임영웅은 자신의 노래로 사람들을 감동시키겠단 꿈을 안고 실용 음악과에 진학하게 되었습니다.

▶ 통합 지식 플러스② ▼

# 대한민국을 대표하는 **국민 가수**

임영웅 이전에
대한민국을 대표하던
국민 가수에 대해 알아보아요.

## 하나 이미자

이미자는 1959년 '열아홉 순정'으로 데뷔해 '동백 아가씨', '섬마을 선생님' 등의 히트곡이 담긴 음반 500여 장, 2000곡 이상을 발표한 국민 가수예요. 최다 앨범, 최장 활동 기간 등 기록했고 대중음악인 최초로 대중문화예술상 최고 등급인 금관 문화훈장까지 수여받은 한국 가요계의 상징과 같은 인물이지요.

대중음악인 최초 금관 문화훈장을 수여받은 이미자

## 둘 남진

남진은 1965년 데뷔, 1967년 발매한 '가슴 아프게'로 유명해졌어요. 이후 한국 영화 역대 최다 관객을 불러

모은 영화 <미워도 다시 한 번>의 주제곡을 불러 뜨거운 인기를 얻었지요. 남진은 멋진 외모와 흡인력 있는 목소리, 현란한 춤동작으로 한국의 엘비스 프레슬리라는 애칭을 얻기도 했어요. 1970년대 한국 가요계의 아이콘으로 한 시대를 풍미했지요.

## 셋 나훈아

나훈아는 1966년 '천리길'로 데뷔해 '무시로', '잡초', '갈무리' 등 수많은 히트곡을 내며 국민 가수 반열에 올랐어요. 나훈아는 주로 고향에 대한 향수나 서정적 분위기를 담은 가사를 중후한 음색으로 소화했어요. 그는 원로 가수임에도 계속 신곡을 발표하며 순회 공연을 하는데, 공연마다 최고 수준을 선보여 '공연의 신'이라고 불리기도 해요.

나훈아 콘서트를 관람하기 위해 모인 인파

## 현철

현철은 1969년 '무정한 그대'를 발표하며 데뷔했어요. 이후 오랜 무명 시절을 거쳐 1982년 '앉으나 서나 당신 생각'이 대중적인 인기를 끌며 이름을 알렸지요. 1983년부터 본격적인 트로트 가수 활동을 하며 '사랑은 나비인가봐', '청춘을 돌려다오', '봉선화 연정'이 연달아 인기를 얻으며 국민 가수 대열에 올랐어요. 이후 대중가요에 대한 기여를 높이 사 2006년 옥관 문화훈장을 수여받기도 했지요. 입에 잘 붙는 가사, 따라 부르기 쉬운 멜로디로 대중의 마음을 달랜 가수로 평가받고 있어요.

## 다섯 조용필

조용필은 1968년 록 그룹 애트킨즈로 데뷔해 김트리오, 조용필과 그림자 등 밴드를 거쳐 솔로로 전향했어요. 1980년 '창밖의 여자', '단발머리' 등이 수록된 1집 앨범이 국내 가요계 사상 첫 밀리언셀러를 기록하며 스타 반열에 올랐어요. 조용필은 트로트부터 록, 댄스에 이르기까지 다양한 장르를 소화하며 현재도 국민 가수로 불리고 있어요.

## 여섯 심수봉

심수봉은 1978년 MBC 대학가요제로 데뷔한 이후 '백만송이 장미', ' 남자는 배 여자는 항구', '사랑밖에 난 몰라' 등 수많은 히트곡을 발표했어요. 심수봉의 노래는 도입부만 들어도 누구나 따라 부를 수 있을 만큼 오래도록 폭넓은 사랑을 받아 왔어요.

# 3장

## 영웅의 무명 시절

"

결국 그 두려움을

이겨 내는 사람이

마지막에 승리하는 게 아닐까?

"

강북 가요제

와아

다음 순서는 임영웅 참가자입니다!

와아

와

오늘의 대상은…!
긴장…

이민정 참가자입니다.
와아아
짝
짝
짝
짝
짝

오늘도 주인공은 다른 사람이구나.
호호
하하하

덜컹
덜컹
지금껏 나간 가요제도
벌써 수십 개구나.
비록 결과는 안 좋았지만
이대로 포기할 순 없어.
휴~
슥

또 참가할 만한
가요제가 있으려나.
응?
포천에서
가요제가 열린다고?
스윽
포천 가요제

이 가요제는 트로트를 좋아하시는
어르신들이 많이 오실 거 같아.
지금까지 발라드나 R&B만 불렀으니,
이번 가요제에서는
트로트를 한번 불러 볼까?

그래, 이제 그냥 즐기는 거야.
트로트로 어르신들 흥이 나게 해 드리자.
쿵짝
쿵짝
와아
와아
꽉

포천가요제

좋았어! 의상도 오케이,
목소리도 오케이.
반짝
반짝

임영웅 참가자,
나와 주세요!
척

꾸벅

안녕하십니까?
여러분의 마음에 둥지를
틀기 위해 찾아온
임영웅입니다.

오늘 들려 드릴 곡은
오승근 선배님의
'내 나이가 어때서'입니다.

내 나이가 어때서~
젊은 친구가 트로트를
참 잘 부르는군.
오!
오랜만에 트로트를
구성지게 부르는
친구를 만났네요.

와아
와
와아
와

꾸벅

오늘 노래를 불러 주신
모든 분들 감사드립니다.
오늘의 최우수상은….
척
두근
휴~
두근

축하합니다,
임! 영! 웅!
깜
짝

와! 제가 최우수상을 타다니!
감사합니다. 정말 감사합니다.
하하하
짝 짝 짝 짝짝 짝
최우수상

트로트를 부르니
반응이 너무 좋잖아.
와아
번쩍
와

그 다음 대회도
트로트로 나가 볼까?

그 후로 임영웅은 여러 가요제에서 트로트를 부르면서 상을 휩쓸어 존재감을 드러냈습니다.

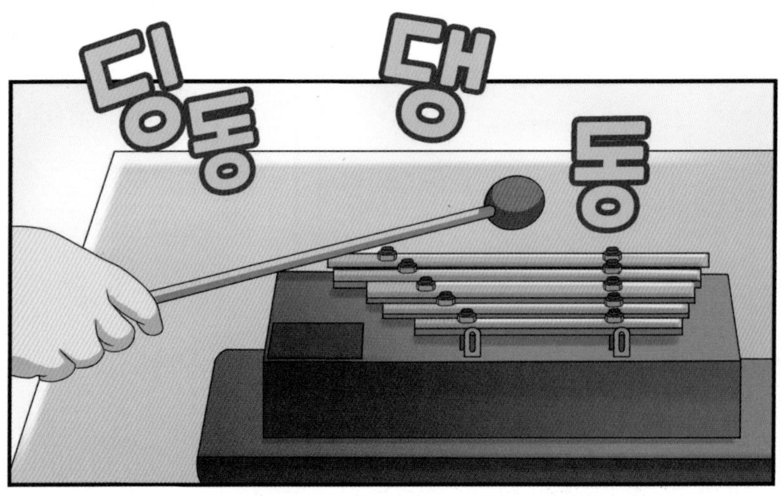
딩동 댕동

전국~

노래자랑!
전국
노래자랑
와아
와
와아

TV에서나 보던
전국노래자랑에 내가 참가하다니….
와아
와아
와 와
000화이팅
최고가수
최우수상ㅁㅁ
화이팅

할 수 있어.
잘할 거야!
휴~

짝
따라라
쿵짝
짝 짝
짝 짝
짝 짝
쿵짝
짠짜라~

인생사 구비구비~

무대를 영상으로 확인해 보세요.

와~
후회는 없다.
모든 걸 보여 줘어!
와아
와
오늘의
최우수상은….
일소일소 일노일노를 부른
임영웅!
깜 짝
노래자랑
내가
최우수상이라니!
트로트를 부르니 상도 받고.
그래, 아무래도 트로트 가수가
내 길인 가 봐.
하하하

며칠 뒤

소속사가 있다면
든든할 텐데.
이번 기회를
잘 잡아 보자.
두근
두근

노래는 잘 들었어요.
슥
네!

솔직히 말해서 지금 임영웅 군은
훌륭한 가수라고 볼 순 없습니다.

이번에도
실패인가….
네.

임영웅은 그의 진가를 알아본 신정훈 대표와 손을 잡고 2016년 디지털 싱글 <미워요>로 데뷔하게 됩니다. 이 앨범을 시작으로 2017년 <뭣이 중헌디>, <계단 말고 엘리베이터>를 연이어 발표했지만, 안타깝게도 대중들의 큰 관심을 끌지는 못했습니다.

그래서 일을 중간에
빠질 수도 있다고요?
참 나…

네, 제가 가끔 지방으로 행사를
나갈 때가 있어서요.
삐질

에이,
그러면 일을 어떻게 해요!
다른 데 가서 알아보세요.
휙
휙

알바를
구하는 것조차
쉽지 않네.
에휴~

데뷔를 해서 앨범 내면
바로 돈을 벌 줄 알았는데.
오히려 반대구나.

나를 위해 애써 주시는 어머니와
소속사 대표님을 생각해서라도
더 열심히 해야 해.
울먹
아!
그렇지!!
행사가 있어도 할 수 있는
아르바이트가 있어!
짝
하하하
좋았어!
깜짝
깜짝

군고구마 사세요!
맛있는 군고구마!

군고구마가
아주 달고 맛있어요!
휙
휙

맛있는
군고구마 팝니다!

세 시간 동안 외쳤지만
아직 하나도 못 팔았네.
돈 버는 건 참 어렵구나.
덜덜
후우
덜덜

형, 오늘도
군고구마 팔다 온 거야?

남은 거 좀 먹을래?
맛은 끝내주는데, 팔리질 않네.

근데 형,
집주인이 월세 밀린 거
언제 낼 거냐고 연락 왔어.
행사가 좀 들어오면
밀린 월세도
낼 수 있을 텐데.

형, 우리 가수로 성공할 수 있을까?
이렇게 시간만 보내고 결국 아무것도 이루지 못하면 어떡하지?
휴~

스윽

지금까지 아무리 힘들어도
그런 생각해 본 적이 없었거든? 근데 솔직히
지금은 나도 그런 두려움이 있어.
그렇지만 민준아.

결국 그 두려움을 이겨 내는 사람이
마지막에 승리하는 게 아닐까?
형!

하루 종일 밖에서
고구마를 팔았더니
배가 고프네.
하하
꼬르륵

라면이라도
끓여 올게.
역시 형 생각해 주는 건
우리 민준이밖에 없다!
슥

어? 저번에도 봤던 친구!
이번에도 아주 열심히 하네.
스윽

시간 될 때마다 오고 있어요.
추운 날 난방이 안 되는 방에서
자는 건 정말 괴로운 일이거든요.

?
띠리리링

대표님?
영웅아, 기쁜 소식이야.
아침마당 출연이 결정되었다.

어머니에게 저는 하나밖에 없는 아들이자 유일한 가족입니다.

임영웅은 아침마당 '도전! 꿈의 무대'라는 코너에 출연해 감미로운 목소리로 무대를 선보이며 우승을 하게 되었습니다.
임영웅
임영
임영웅

우승 상금으로 받은 500만 원 중 200만 원을 기부하고, 나머지는 자신을 도와주고 응원해 준 어머니에게 건넸습니다.
어려운 이웃을 위한 따뜻한 나눔
금2,000,000 원

상금 500만 원은 군고구마를 팔아 생계를 유지하던 임영웅에게 결코 적은 돈이 아니었습니다. 하지만 임영웅은 자신에게 쓰기보다 더 어려운 이들에게 베푸는 것을 택했습니다.
도전! 꿈의
아침마당

봉사 센터 '다함께 클린하우스'
사람들의 응원이
나를 여기까지 오게 만든 거야.
휴우
내 노래로 사람들을
행복하게 해 주는 것에 그치지 않고
봉사하고 기부하며 살자.
아침마당 출연 이후, 유튜브 구독자 수가 2만 명이 되는 등
가수 임영웅으로서 조금씩 주목을 받게 되었습니다.
척
임영웅
@LYW_official
구독자 2 만명
임영웅 LimYoungWoong I'm HERO Official YouT

통합 지식 플러스③

# 임영웅을 **응원하는 방법**

임영웅의 팬이 되었다면
무엇부터 해야 할까요?
임영웅의 팬으로서
그를 응원하는 방법을 알아보아요.

## 하나 팬 카페 가입하기

임영웅은 자신이 이 자리에 올 수 있었던 건 자신을 늘 응원해 주는 팬들 덕분이라고 이야기해요. 그를 향해 뜨거운 사랑을 보내고 있는 팬덤을 '영웅시대'라고 불러요. 2017년 개설된 영웅시대는 다음 카페를 주축으로 활동하고 있어요. 팬 카페 내에는 서울시, 경기도를 비롯해 전라남도, 전라북도 등 9개의 팀이 있어요. 각 팀마다 모임을 운영하며 임영웅에 관한 각종 정보를 공유하기도 하고, 봉사나 기부 활동을 추진하고 있지요. 그밖에도 봉사 활동을 위한 영웅시대 서포터즈, 히어로 사랑, 히어로온, 영웅시대 밴드 등 수많은 소규모 영웅시대가 전국적으로 활동하고 있어요. 임영웅이 기부하는 것을 즐기듯 영웅시대 또한 그의 행보를 따르면서 사회에 긍정적인 영향을 미치기 위해 노력하고 있지요.
영웅시대 팬 카페에 가입하면 처음 온라인 팬 활동을 시작한 사람이라도 쉽게 따라 할 수 있게 잘 설명되어 있어요. 다음 카페 어플리케이션 다운로드 방법부터 카페 내 닉네임 변경하기, 글쓰기, 댓글 쓰기 등 하나씩 차근차근 따라할 수 있지요.
팬들은 임영웅의 기사, 영상 등에 선한 댓글을 다는 활동, 온라인 인기투표 참여, 음원 스트리밍 등 임영웅의 활발한 활동을 응원하고 팬 카페에 인증 사진을 올려요. 가끔 팬 활동을 어려워하는 팬들을 위해 오프라인 모임을 갖기도 하지요.

## 둘 콘서트 가기

콘서트에 가면 가수와 함께 직접 호흡하며 응원할 수 있어요. 콘서트에 가기 위해선 정해진 기간에 표를 구매하는 티켓팅을 해야 해요. 콘서트는 보통 하루에서 이틀 진행되고, 객석의 규모가 팬 모두가 들어갈 수 있는 규모가 아니기 때문에 티켓팅은 쉽지 않아요. 특히 임영웅의 콘서트 티켓팅은 더욱 어렵지요. 2023년 올림픽 체조경기장 콘서트 티켓팅 당시 대기자수 81만 트래픽, 대기 시간 153시간을 기록했어요. 피 튀기는 티켓팅으로 팬클럽이 아닌 일반 커뮤니티에서 유명세를 떨칠 정도였지요. 이 수치만으로도 임영웅의 인기와 콘서트 수요를 짐작할 수 있어요.

만약 티켓팅을 실패해 콘서트에 가지 못했더라도 콘서트 현장을 즐길 수 있는 방법이 있어요. 바로 영화관에서 상영하는 콘서트 영상을 관람하는 거예요. 최근 CGV에서 <임영웅: 아임 히어로 더 스타디움>이 개봉했어요. 이 영화는 2024년 5월 서울 월드컵경기장에서 열린 콘서트 실황과 함께 비하인드를 다뤘어요.

영화관에서 만나는 임영웅 콘서트

## 공식 굿즈와 응원봉 준비하기

콘서트 예매에 성공했다면 이제 콘서트에 가서 사용할 굿즈를 준비해야 해요. 굿즈는 대표적으로 응원봉, 슬로건, 담요 등이 있어요. 구매처는 공식 굿즈 판매 사이트 <IMHERO MALL>에서 구매할 수 있어요. 유사품과 복제품이 많으니 공식 사이트에서 구매하는 것이 좋아요.

## 음원 스트리밍

스트리밍이란 음원 사이트에서 음악을 실시간으로 재생하는 것을 말해요. 스트리밍의 횟수를 통해 앨범의 인기 순위가 정해지는데요. 이 때문에 가수의 팬들은 앨범이 발매되면 실시간 인기 순위에 들 수 있게 전곡을 반복 재생하며 가수를 응원해요. 임영웅은 국내 주요 음원 플랫폼인 멜론에서 누적 스트리밍 103억 회를 넘어섰어요. 누적 스트리밍 100억 회 이상을 달성하면 '다이아 클럽'에 이름을 올리게 되는데, 임영웅은 솔로 아티스트 최초로 이름을 올리게 되었어요. 현재 다이아 클럽에는 임영웅과 BTS만이 등록되어 있어요.

## 동영상 조회수 올리기

임영웅이 등장하는 영상을 반복적으로 보며 조회수를 높이는 거예요. 임영웅 공식 유튜브 채널 혹은 그가 출연한 방송 영상이면 무엇이든 좋아요. 높은 조회수는 화제성을 잘 보여 줘요. 임영웅은 트로트 가수 최초로 2023년 4월 유튜브 조회수 20억 회를 기록했어요. 올라오는 영상마다 높은 조회수를 기록하며 화제가 되었지요. 임영웅의 첫 자작곡 '런던보이'는 뮤직 비디오가 공개된 후 유튜브 인기 급상승 동영상 1위에 오르기도 했어요.

# 4장

# 영웅에게 찾아온 기회

"

대한민국의 마음을

사로잡을 트로트 영웅,

임영웅입니다.

"

내일은
미스터트롯
지원자 총 1만 5,000여 명,
경쟁률 150:1을 뚫은 100명의
가수가 여기 모였습니다.
내일은 미스터 트롯,
지금 시작합니다!
두
둥
우승자 단 한 명에게는 우승 상금 1억,
고급 SUV, 안마 의자, 조영수 작곡가의 신곡,
의류 이용권이 주어집니다.
우승상금
1억
내가 속해 있는 팀은 현역부 A.
5년의 경력을 가진 현역인 만큼
자존심을 걸고 최선을 다하자.

현역부 A 첫 번째 참가자는
임영웅입니다.
깜짝
어? 내가 제일
좋아하는 가수인데?

와,
이건 서서 들어야 해.
벌
떡
오
우와

한 여자,
어머니를 지키는
영웅이 이제 여러분을
지키러 왔습니다.

어우 닭살~!

안녕하세요,
대한민국의 마음을 사로잡을
트로트 영웅, 임영웅입니다.

자, 임영웅 씨는
가장 많은 분들이
라이벌로 지목했습니다.
예선전에서 어떤 노래를
불러 주실 건가요?

어머니를 위한 노래를 무대에서 불러 본 적이
없더라고요. 노사연 선생님의 '바램'을 불러
어머니께 감사한 마음을 전하고 싶습니다.

우린 늙어가는 것이 아니라~

와아
오~

짝 짝 짝
와아
짝 짝 짝
와 아

이렇게 담백한 노래로 감동을 줄 수 있는
가수는 많지 않거든요. 임영웅 씨는
정말 좋은 가수인 것 같습니다.
노래하는 중간에
어머니 생각이 나더라고요.
이런 무대에서 어머니를 생각하며
노래할 수 있음에 감사합니다.
울컥

끄덕
저 친구는 빈틈이 없어.
우승 후보야.
끄덕

몇 시간 뒤

자, 그럼 이번 예선전의
결과를 공개하겠습니다.

왕관을 쓸 후보는 완벽한 무대를 선보인
현역부 A의 임영웅!
깜짝

짝
짝
그리고 꽉 찬 소리의 대가,
타장르부의 김호중!
짝짝
짝
깜짝
MISTER
미

예선전 1등은 누구일까요?
그 주인공은 바로…!
두근
두근
두근
두근
MISTER TROT
미스터 트
미스터 트롯
MISTER TROT

김호중 씨입니다. 따라서 진은 김호중 씨,
선은 임영웅 씨입니다. 축하드립니다.
미

와아
와아
와
내가 예선에서
2등을 했다니…!
MISTER TROT
미스터 트롯

다음 본선에서는
꼭 '진'이 되자!

10분 전

본선 1차전에서는 같은 부에 속한 사람들과 팀을 이뤄 미션곡을 소화해야 했습니다. 미션곡은 팀별로 달리기를 통해 뽑기로 했는데, 임영웅이 속한 현역부 A팀에서는 가수 영탁이 대표로 나서게 되었습니다.

본선 1차 – 장르별 팀 미션

정통 트로트 A B C

댄스 트로트

올드 트로트

발라드 트로트

내일은 미스터트롯

락 트로트

세미 트로트 A B

국악 트로트

블루스 트로트

자, 우리가 뽑을 수 있는 장르는 총 8개잖아? 그 중에 '세미 트로트'를 뽑는 게 가장 좋을 것 같아.

영탁아, 그럼 그냥 돌아올 생각을 하지 마!

하하 하

하하

장민호

영기

영탁

형, 걱정하지 마.
나 어릴 때 운동회
이어달리기 선수였다고!
척
영탁

그래, 너만 믿는다.
끄덕
장민호
꽉
영탁

출발!
타탓
다다다다
다다

깜짝
어라?
쌩~

다다다
팍

헥 헥
영탁
댄스 트로트

많고 많은 장르 중에
하필 댄스 트로트라니.
헉!
거짓말이죠?
저 완전 몸치인데.
으악!
절망
영기
장민호
임영웅

그래요, 죽도록 연습하면
못할 것도 없어요!
이왕 이렇게 된 거
열심히 연습해서
반전 매력을 보여 주자!
하하하
휴~
영기

춤에는 자신이 없던 임영웅이었지만 주어진 미션에 최선을 다하고자, 연습에 연습을 거듭하였습니다.
하나 둘, 하나 둘!
영웅아,
어깨를 좀 더 돌려 봐.
짜 잔

임영웅이 속한 현역부 A팀은 '장민호랑나비'라는 팀명으로 박현빈의 '댄싱퀸'이라는 노래를 선택해 멋진 무대를 선보였습니다.

댄스에 익숙하지 않은 멤버들이 모여 수천 번의 연습 끝에 빚어낸 완벽한 무대였지요.

올하트를 받으면서 6명 전원
다음 라운드에 진출합니다!

올하트

와아

와

와아

하하하

너무 잘했어.
멋진 무대였어!

우리가 해냈어!

임영웅은 본선 2차전 노래로 정통 트로트 곡인 '일편단심 민들레야'를 선택했습니다. 정통 트로트는 임영웅이 가장 잘 소화할 수 있는 장르였습니다. 그럼에도 임영웅은 가사 한 소절, 한 소절 꼼꼼히 확인하고 정통의 느낌, 호흡, 꺾기, 리듬 모두 다 살리기 위해 열심히 연구했습니다.

본선 2차전 당일

본선 2차전에서는 상대를 한 명씩 지목해 일대일 대결을 펼쳤습니다. 마스터의 선택을 더 많이 받은 참가자가 본선 3차전에 진출할 수 있었지요.

멋진 외모와 중후한 저음의 류지광은 '나 그대에게 모두 드리리'를 선곡하여 무대를 꾸몄습니다.

다음은 임영웅! 노래는
'일편단심 민들레야'입니다.

와, 저 노래는 쉽지 않을 텐데.

임영웅 씨가 잘하는 영역이죠.
정통 트로트,
특히 이 노래는 사연이 깊은 노래라고요?
네, 이 노래는 6·25 전쟁 당시
북한에 끌려간 남편을 기다리며 30년 넘게 홀로 지낸
할머니의 마음을 담은 곡입니다.

애절한 감성이
얼마나 담기느냐가
중요한 무대가 되겠군요.
기대해 주셔도
좋습니다!

와아
와아
무대를 영상으로 확인해 보세요.

처음 만나 맺은~
와, 안정적이고 섬세하네.
어떻게 저렇게 노래를 부를 수 있지?

와아
와
와아
와

통합 지식 플러스 ④

# 미스터트롯 TOP 7

탄탄한 가창력과 화려한 무대 매너로
팬들의 마음을 사로잡은
7명의 트롯맨에 대해 알아보아요.

## 하나 내일은 미스터트롯

TV 조선에서 방영된 트로트 오디션 프로그램인 <내일은 미스트롯>과 <내일은 미스터트롯>은 한국 가요계에 큰 파장을 불러왔어요. 이전까지 아이돌이 주도하는 가요계 흐름에서 프로그램을 통해 트로트가 주목받게 되며 새로운 스타들을 탄생시켰지요.

우승자인 송가인과 임영웅은 전국적인 인기를 얻었을 뿐만 아니라 그들의 노래는 음원 차트를 석권했어요. 게다가 트로트의 이미지를 세련되게 탈바꿈시켜 다양한 연령대의 팬을 확보했지요. 이러한 성공은 단순히 트로트 오디션 프로그램의 성공뿐만 아니라 한국 음악 산업에 다양한 장르의 음악이 발전하고 공존할 수 있다는 가능성을 보여 주었어요.

## 둘 미스터트롯 TOP 7

### ● 김희재

김희재는 어린 시절 <놀라운 대회 스타킹>에 출연해 이름을 알렸어요. 그 후 <전국노래자랑>, <가요무대> 등에 출연하며 트로트 신동으로 입지를 다졌지요. 'CD를 튼 것 같은 목소리'라는 평가를 받으며 장르나 성별을 가리지 않고 다양한 노래를 소화했어요.

### ● 장민호

장민호는 1997년 아이돌 유비스로 데뷔해 활동을 이어가다 2011년 트로트 가수로 전향했어요. 발매했던 앨범마다 큰 사랑을 받지 못하다 2014년 '남자는 말합니다'가 유명해지면서 인기 가수가 되었어요. 미스터트롯에서 노래뿐만 아니라 댄스, 예능감, 입담, 무대 매너를 다 갖춘 가수로 인기를 끌었어요. 게다가 맏형으로 동

생들을 잘 챙기는 모습, 조카뻘인 정동원을 살뜰히 챙기는 모습으로 시청자들의 눈을 사로잡았지요.

● **정동원**

정동원은 2018년 11살의 나이로 <전국노래자랑>에 출연해 우수상을 수상하며 이름을 알리기 시작했어요. 2019년에는 프로그램 <영재 발굴단>에 출연해 다재다능 트로트 아이돌로 소개되었지요. 미스터트롯에서 특유의 발랄함과 성인 도전자에게도 밀리지 않는 가창력으로 큰 사랑을 받았어요. 현재는 'JD1'으로 활동하며 다양한 장르의 음악을 선보이고 있어요.

● **김호중**

김호중은 어린 시절 만난 은사님의 제안으로 성악에 입문했어요. 2009년 프로그램 <스타킹>에 고등학생 파바로티로 출연해 화제가 되었지요. 이후 독일로 유학을 떠나 성악가의 길을 걷다 미스터트롯에 출연하게 되었어요. 성악을 베이스로 다양한 노래를 선보였지요.

● **이찬원**

이찬원은 어린 시절 방송에 다수 출연하며 트로트 신동으로 이름을 알렸어요. 특유의 시원한 창법으로 강렬한 인상을 남기며 방송 내내 응원 투표 순위 상위권을 자지했어요. 미스터트롯 예선전 최단 시간 올 하트, 결승전 마스터 점수 1위 등을 기록하며 '미'를 수상했어요.

● **영탁**

2005년 발라드와 R&B를 부르며 데뷔했던 영탁은 2016년 트로트 가수로 전향했어요. 자신의 경험을 담아 만든 자작곡 '니가 왜 거기서 나와'로 미스터트롯에 출연하기 전부터 알려진 가수였어요. 예선에서는 본인 노래를 부르는 참가자를 만날 정도였지요. 가창력은 물론 뛰어난 예능감과 재치로 많은 이에 눈도장을 찍으며 '선'을 수상했어요.

● **임영웅**

임영웅은 트로트 가수로 데뷔 후 아침마당 '도전 꿈의 무대'에서 5연승을 하면서 점차 이름을 알렸어요. 미스터트롯에 출연해 기복 없는 멋진 무대를 선보여 늘 상위권에 머물렀어요. 최종 무대에선 실시간 국민 투표 전체 득표수 중 25%를 차지하는 압도적인 득표율로 1위가 되었어요.

영화관에서 상영한 미스터트롯 공연 영상 © 롯데 시네마

# 5장

## 빛나는 영웅

"

임영웅 씨의 장점은
듣는 사람으로 하여금
가사에 집중하게 하는 힘인 것 같아요.
더할 나위 없이 완벽한 무대네요.

"

자, 두 분의 노래가
모두 끝이 났습니다.
와아
와아
와아

그간 준비했던 시간이 아깝지 않을 만큼
만족스러운 무대였어.

우열을 가리기
어려울 정도로
두 분 다 자신의 장점이
뚜렷한 무대였습니다.
척

두근
꿀꺽
두근

팍
승자는 과연 누가 될지,
결과를 확인해 보겠습니다.

두둥
어떤 결과여도 괜찮아.
난 최선을 다했어.
아, 역시
이 분이군요.
깜짝
임! 영! 웅!
축하드립니다.

하
하
하
역시 영웅이
너한텐 안 되나 봐.
형~ 그게 무슨 소리예요.
이번 무대 진심으로 멋져서
흠뻑 빠져들었습니다.

본선 2차전 결과 임영웅은 8표를 받으며 류지광을 이겨 3차전에 진출하게 되었습니다.
내일은
척

그리고 본선 3차전이 시작되었습니다.
연습실
빠바
밤
쿵짝
쿵짝

빠바
밤
끼익
쿵짝

빠밤
둥둥
쿵짝
둥둥
쿵짝

윽!
어우,
땀 냄새.
슥

미안, 긴장되니까
계속 연습을 하다 보니 그만….
하하
하하

이번 본선 3차전은
기부금 팀 미션 '트롯 에이드'입니다.
기부금 팀 미션
트롯 에이드
척

1라운드는 팀 경연, 2라운드는 에이스 전입니다.
더 많은 기부금을 모은 1위 팀은 전원 준결승에 진출하고 나머지는 모두 탈락 후보가 됩니다.
임영웅은 리더로서 강태관, 류지광, 황윤성과 함께 '뽕다발'이라는 팀을 꾸려 대결에 나섰습니다.
두근
떨린다…. 하지만 이번 경선은 꼭 이겨야 돼.
두근
내가 선택한 사람들과 함께라면 승리할 수 있어!
후우~
꽉
부담 갖지 말고, 지금을 즐기자!

저희는 개성이 뚜렷한~
뽕다발 입니다~
화
사
사랑밖엔~
무대를 영상으로 확인해 보세요.

빠
밤
와
아
와
와
아
뽕다발 팀은 '사랑밖엔 난 몰라', '베사메무쵸', '한오백년' 등 여섯 곡의 노래를 엮어 무대를 꾸몄습니다.
관중들의 함성,
나를 응원해 주는 사람들이 있어
즐기며 무대를 마칠 수 있었어.

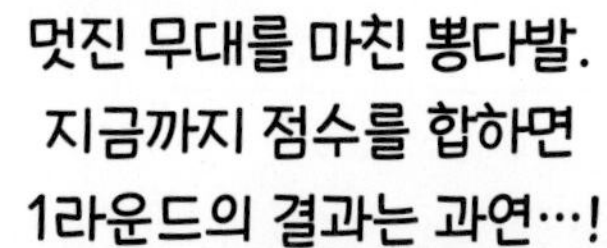


## 1라운드 결과 발표

| M | 마스터 점수 | 기부 점수 | 합산 점수 | 순위 |
|---|---|---|---|---|
| 뽕다발 | 954 | | | |
| 사형제 | 939 | 172.8 | 1111.8 | 4 |
| 트롯신사단 | 933 | 116.8 | 1049.8 | 5 |
| 사랑과 정열 | 976 | 173.8 | 1149.8 | 3 |
| 패밀리가 떴다 | 976 | | | |

2위입니다.

다행이다. 2라운드만 잘 해내면
1위를 할 수도 있겠어.

## 1라운드 결과 발표

| M | 마스터 점수 | 기부 점수 | 합산 점수 | 순위 |
|---|---|---|---|---|
| 뽕다발 | 954 | 214.4 | 1168.4 | 2 |
| 사형제 | 939 | 172.8 | 1111.8 | 4 |
| 트롯신사단 | 933 | 116.8 | 1049.8 | 5 |
| 사랑과 정열 | 976 | 173.8 | 1149.8 | 3 |
| 패밀리가 떴다 | 976 | | | |

휴~

2라운드는 각 팀의 리더가 출전해 경연을 펼쳐야 했습니다. 임영웅은 팀의 운명을 짊어진 채 2라운드 무대에 올랐습니다.
과연 순위가 바뀔 수 있을까요? 뽕다발 팀의 에이스, 임영웅입니다.
와
와아
와아
짝짝
짝짝
짝짝
여보 왜 한마디 말이 없소~

이어서 팀별 리더들의 무대가 펼쳐졌습니다. 최종 1위 팀은 전원 준결승에 진출할 수 있었지만, 나머지 4팀은 16명 중 8명이 탈락하게 되는 상황이었습니다.

## 최종 결과 발표

| M | 1R 점수 | 2R 마스터점수 | 2R 관객점수 | 총점 | 순위 |
|---|---|---|---|---|---|
| 뽕다발 | 1168.4 | 934 | 435 | 2537.4 | 1 |
| 사형제 | 1111.8 | 920 | | | |
| 트롯신사단 | 1049.8 | 902 | 381 | 2332.8 | 5 |
| 사랑과 정열 | 1149.8 | 905 | 329 | 2383.8 | 4 |
| 길리가 떴다 | 1193.8 | 890 | 356 | 2439.8 | 3 |

준결승전은 세 명의 레전드 가수 중 한 명을 선택하여 그의 노래를 부르는 미션이었습니다. 준결승전은 개인 미션과 듀엣 미션이 진행될 예정이었습니다.

누군가를 사랑하는 예쁜 마음을 담아서 로맨틱한 남자의 모습을 보여 드리고자 합니다.

부끄

몹시 기대되는군요! 음악 주세요.

보랏빛 엽서에~

역시 임영웅이다.
와~
노래가 이렇게 감동적일 수 있다니….
훌쩍

와
와
와
아
스윽

와아~
짝
짝
짝
짝짝

정말 죄송합니다. 그동안 전 이 노래를 왜 이렇게 부르지 못했을까요? 오늘부턴 저도 임영웅 씨처럼 노래하겠습니다.

과찬이십니다.
꾸벅

'보라빛 엽서' 무대를 완벽히 소화해 심사위원의 극찬을 받은 임영웅은 이 무대를 통해 준결승전 1라운드 1위를 하게 되었습니다.

영웅아, 멋진 무대였어.

야~ 네 깊이를 따라 가려면
멀었다, 멀었어.

에이, 형들도 참.

고지가 눈앞에 있어.
그동안 나의 노력이 헛되지 않았음이 증명된 거야.
남은 준결승전 2라운드도 멋지게 소화해서
1위의 자리를 지키자.

준결승전 2라운드는 듀엣 미션으로 한 곡을 두 사람이 나눠 불러야 했습니다. 함께 멋진 무대를 만들면서도 상대방보다 더 잘해야 하는 어려운 미션이었지요. 기복 없는 멋진 무대로 심사위원은 물론, 많은 관중들까지 사로잡은 임영웅을 지목할 상대가 누구일지 모두가 주목하고 있었습니다.

예상외로 1라운드 6위를 했던 김수찬이 강자 임영웅을 선택했습니다. 듀엣 미션이지만 둘 중 더 잘한 사람만이 승자가 되는 상황에서도 강자를 선택한 김수찬. 과연 준결승전 2라운드의 결과는 어떻게 될까요?

통합 지식 플러스⑤

# 임영웅 **효과**

이제 바야흐로 임영웅 시대!
임영웅 효과에 대해 알아보아요.

## 하나 경제적 영향력, 히어로믹스

미스터트롯 우승 직후 트로트 신드롬을 불러일으킨 임영웅. 그가 모델로 나선 브랜드는 모두 완판되고, 판매 서버가 다운되는 등 엄청난 파급력을 보여 주었어요. 이처럼 임영웅이 파생한 경제 효과를 두고 '히어로믹스(영웅+이코노믹스)라는 신조어가 생길 정도였지요. 임영웅의 광고 효과와 더불어 팬덤이 문화적 현상을 넘어 경제적 영향력을 발휘하는 팬덤 경제가 주목받고 있어요. 이미 다양한 기업들은 시장의 성패를 좌우하는 요인으로 팬덤을 주목해 왔고, 그들을 만족시키기 위한 상품이나 콘텐츠를 선보이고 있지요.

임영웅은 분야를 가리지 않고 광고만 찍었다 하면 매출을 견인하며 광고계 치트키로 급부상했어요. 그가 나온 영상은 공식 활동이 아닌 광고 영상임에도 수백만 회 조회수를 기록하고 해당 제품의 판매율이 상당한 폭으로 상승했어요.

임영웅의 모습이 담긴 자동차 광고 화보는 중고 거래 시장에서 비싼 값에 거래가 되기도 했고, 임영웅이 인쇄된 피자 상자를 모으는 팬도 등장했지요. 임영웅은 팬들이 자신이 광고하는 제품을 무조건적으로 구매한다는 사실을 알고 생수, 은행, 건강 식품 등 팬들에게 부담이 가지 않고 일상에 도움이 되는 제품을 선택해 광고했어요. 팬덤을 겨냥한 마케팅은 보통 광고 제품 몇 개 이상, 얼마 이상 구매했을 때 굿즈나 사은품을 증정해요. 하지만 임영웅은 팬들끼리 위화감이 들지 않도록 모두에게 굿즈를 증정하는 조건으로 광고를 계약한 것이 알려져 화제가 되었어요.

임영웅의 화제성은 장점만 있는 건 아니었어요. 언론 매체는 임영웅을 언급할 때 조회수와 관심이 비약적으로 증가하는 것을 이용해 그가 관련되지 않아도 그의 이름을 넣거나 관련 없는 정보를 넣어 보도하기도 했어요. 팬들은 신고하거나 기사 수정을 요청하는 등 임영웅에게 부정적인 영향이 가지 않도록 거짓 정보를 바로잡았어요.

##  문화적 영향력, 임영웅 현상

임영웅은 트로트라는 장르를 다시 인기를 끌게 한 것을 뛰어 넘어 '임영웅'이라는 하나의 장르를 만들어 나갔어요. 비주류로 여겨지던 트로트는 임영웅의 등장으로 대중적 인기를 누리기 시작했어요. 트로트를 즐겨 듣는 중장년층에게 임영웅은 전통적인 트로트의 정신을 이어받으면서도 현대적 감성과 스타일을 담고 있는 수준 높은 트로트를 전달하는 가수로, 트로트가 생소한 청년층에게는 트로트를 기반으로 한 다양한 장르를 소화하는 가수로 인식되고 있어요. 임영웅은 트로트를 통해 새로운 음악적 가능성을 탐구하고, 이를 통해 트로트의 매력을 다시 한 번 대중에게 알리고 있는 셈이지요.

또한 임영웅은 노래뿐만 아니라 팬을 향한 마음이 화제가 되며 유명해지기도 했어요. 흔히 덕질이라고 말하는 문화적 현상과는 거리가 먼 중장년층에게 누군가를 열렬히 아끼고 사랑하는 마음을 전하는 것이 얼마나 소중한지를 알게 해 주었지요. 중장년층으로 시작된 팬덤은 콘서트에 동반한 자녀들을 통해 젊은층으로 확장되며 다양한 분야에 파급력을 끼치며 국민 가수로서의 입지를 굳혀 가고 있지요.

임영웅도 그런 팬들의 마음을 이해하고 늘 보답하기 위해 팬들을 만나는 자리엔 많은 신경을 써 왔어요. 콘서트에 오는 중장년층 팬들을 위해 콘서트에 휴식 공간을 늘리고, 휴대전화 조작이 서툰 팬들을 위해 포토존에는 사진 촬영 인력과 자리를 손쉽게 찾기 위해 안내 인력을 다른 콘서트에 비해 배로 투입해 팬들의 어려움을 해소하려 노력했지요. 임영웅과 그의 팬들은 서로 주고받은 그 따뜻한 마음을 사회로 전파하는 모범적인 사례를 써 내려 가며, 선한 영향력의 대표적인 팬덤 문화로 사회에 귀감이 되고 있어요.

팬을 위해 조성한 대기 공간 히어로 스테이션

# 6장

## 미스터트롯, 임영웅

"

제가 미스터트롯에서
우승할 수 있었던 건
모두 다 팬 여러분들 덕분입니다.
팬 여러분들을 위해 지금처럼
진심을 담아 노래하겠습니다.

"

이번 준결승 2라운드 무대에서 임영웅과 김수찬은 '울면서 후회하네'라는 곡을 선보였습니다. 이 노래는 특유의 기교와 리듬감이 중요한 노래이자 임영웅이 가장 자신 있는 장르이기도 했습니다.

두 사람의 호흡,
너무 감동적이야.
와아~

임영웅 씨의 화려한 기교와
호소력은 무대를 볼 때마다
감탄하게 되네요.
호호

스윽

아주 멋진 무대였습니다.
자, 이제 점수를
확인할 차례인데요.
척

정말 깜짝 놀랄
결과입니다.
두
둥

실력자와 함께
멋진 무대를 만드는 게
내 목표였잖아.
어떤 결과가 나오든
후회하지 말자.
휴~

이번 무대도 만족스러웠어.
그럼 된 거야. 내가 진다 해도 괜찮아.
두근
꿀꺽
두근

임영웅 씨의 압승입니다.
마스터 총점
김수찬
0
임영웅
300

임영웅과 김수찬 모두 최선을 다한 훌륭한 무대였습니다. 2라운드에서도 승리한 임영웅은 준결승전 1라운드와 2라운드 모두 1위를 기록하며 결승전에 진출하였습니다.

치열하게 준결승전을 치르고 올라온 장민호, 이찬원, 김희재, 정동원, 영탁, 임영웅 등 최종 TOP 7의 가수들이 결승전에서 맞붙게 되었습니다.

생방송으로 진행되는 결승전!
1라운드는 작곡가 미션으로
유명 작곡가의 신곡을 노래하게 됩니다.
1라운드 작곡가 미션
의외의 노래를
골랐더라?
스윽
결승전이니까
이미지 변신 좀 해 봤지!
하하하
너 잘하는 거 세상이 다 알아.
좀 살살해라.
이 형도 1등 한번 해 보자!
형! 경연에서
그런 게 어디 있어요
우리 같이 열심히 해
내일은

임영웅이 부를 노래는 '두 주먹'이라는 곡이었습니다. '두 주먹'은 임영웅의 트로트를 향한 열정과 이 자리에 오기까지의 뚝심이 담겨 있었습니다.

HELP!

무대를 영상으로 확인해 보세요.
두 주먹을 내가~
와 와아
와아
와아
역시 우리 영웅이야.
꼬옥

영웅 삼촌이
마지막 순서라 다행이다.

영웅이 형,
진짜 대박이다…!

와아 와아 와

팬들 덕분에
이번 무대도 성공적이야.

나를 향한 환호와 응원.
그 마음에 보답하고 싶어.

네가 부른 댄스 트로트 신선하고 좋더라.
물론 형한텐 안 되겠지, 하하!
영탁이형,
제가 조금만 더 춤을 잘 췄으면
형 제치고 1위하는 건데!

형 무대 보니까
형이 왜 1인자인지
알겠더라고요.
스윽
뭐야,
지금 1등이랑 2등이
3등 놀리는 상황인 거야?

듣는 6위 괴롭게
너희 그럴 거니…?
침울

하하하
하하

이어서 결승전 2라운드 '나의 인생곡' 미션이 진행되었습니다.

마지막 무대의 주인공은
임영웅 씨입니다.
무려 50년 전의 노래를
고른 이유가 있나요?

제가 고른 '배신자'는
돌아가신 아버지가
생전에 어머니에게 자주
불러 주셨던 노래입니다.

눈물이 흐를 거 같아서
지금껏 한 번도 부르지 못한
아버지의 애창곡을 이제야 부릅니다.

팟

얄밉게 떠난 님아~

무대를 영상으로 확인해 보세요.

3개월 간 진행된 치열한 경연의 마지막 무대이자 아버지를 향한 그리움이 담긴 무대는 매우 성공적이었습니다. 임영웅은 이번 경연에서 마스터들의 합산 점수 결과 3위를 기록했습니다. 하지만 대국민 응원 투표 점수가 남아 있었습니다.

두

내일은 미스터트롯,
영광의 1위는
과연 누가 될까요?

둥

다 끝났다. 결과가 어떻든
최선을 다 했으면 된 거야!

축하드립니다!

척

깜짝

우승자는 임영웅 씨입니다!

슥
울지 마. 애썼어.
너무 잘했어.
토닥
토닥
그간의 나의 노력이
헛된 게 아니었어.
포기하고 싶은 순간도 있었지만
버텨 냈고 여기까지 왔어.
임영웅 씨,
우승 소감 한마디
부탁드립니다.
결승전 생방송 당일이
아버지 기일이었습니다.
엄마 혼자 남겨 둔 게 미안해서
아버지가 선물을
주신 거라 생각하겠습니다.
임영웅은 압도적인 득표율로 내일은 미스터트롯의
우승자로 등극하며 전성기의 포문을 열었습니다.

헤어칼라
IT·MART
웅성
웅성

와아
임영웅이다!
어쩜 저렇게 멋있지!
와아
꺄~

제가 미스터트롯에서 우승할 수 있었던 건 모두 팬 여러분들 덕분입니다.
팬 여러분들을 위해 지금처럼 진심을 담아 노래하겠습니다.

내일은 미스터트롯 우승 후 임영웅은 하루에 2시간밖에 못 잘 정도로 바쁜 일과를 보냈습니다.

그런 와중에도 임영웅은 전에 신세를 졌던 식당 사장님, 노래 교실 선생님 등을 직접 찾아가 감사를 전했습니다.

또한 임영웅은 우승 특전으로 받았던 수제화 200켤레와 직접 쓴 손 편지를 미스터트롯 참가자들에게 선물하며 받은 사랑을 나누려 했습니다.

2021년 3월 9일, 임영웅은 디지털 싱글 '별빛 같은 나의 사랑아'를 발매했습니다. 이 곡으로 임영웅은 처음으로 음악 방송 1위라는 영광을 얻었습니다. 게다가 발매 이후 지니, 벅스 등 실시간 음원 차트 최상위권을 장악하며 존재감을 증명했습니다.

통합 지식 플러스⑥ ▼

# 임영웅의 **성공 비결**

국민의 영웅으로 떠오른 임영웅.
그가 성공할 수밖에 없었던
비결에 대해 알아보아요.

## 남다른 곡 해석력

임영웅은 여러 장르를 소화할 수 있는 탁월한 가창력은 물론 남다른 곡 해석력으로 커버곡 또한 인기가 많아요. 오래 전 발매된 노래라도 마치 본인이 겪은 것처럼 표현해 내는 그의 감성은 많은 팬들이 꼽은 임영웅의 인기 요인 중 하나예요.

## 베푸는 마음

임영웅의 선행은 그가 유명하지 않았던 시절부터 시작되었어요. 군고구마를 팔면서 생계를 유지하던 무명 시절부터 연탄 나르기 봉사 등 다양한 봉사 활동을 했으며, 가요제에서 받은 상금을 기부하며 자신이 받은 사랑을 나누려 했어요. 미스터트롯 이후 처음 찍은 광고 수익금을 기부하고, 재능 기부 콘서트를 여는 등 어려운 상황의 이웃을 돕기 위한 그의 선행은 계속 되고 있어요.

## 인연을 소중하게 생각하는 마음

임영웅은 KBS 단독 공연을 선택했던 이유를 '우리 모두가 히어로'라는 취지 때문이었다고 밝힌 바 있어요. '우리'라는 의미를 중요시 여긴 임영웅은 출연료를 받지 않고 그 돈을 고생한 스태프를 위해 써 달라고 했어요. 또한 무명 시절 무료로 자신의 공연을 도와준 연주자를 찾아 전국 콘서트 투어에 합류시킨 일 등이 유명하지요. 이처럼 같이의 가치를 아는 임영웅은 무명 시절 자신의 편의를 봐 준 아르바이트 사장님, 노래 교실 선생님 등 자신을 챙겨 준 사람들을 잊지 않고 감사한 마음을 전했어요.

## 넷 가족을 사랑하는 마음

임영웅은 무명 시절 성공하면 가장 하고 싶은 일로 '할머니와 어머니께 효도하는 것'이라 말했어요. 미스터트롯 우승 이후 가족들과 함께 유튜브를 촬영하거나 예능 프로그램에 출연해 가족을 향한 깊은 마음을 공개했어요. 또한 임영웅은 휴대전화에 아빠 폴더라는 메모장을 만들어 아이가 생기면 꼭 해 주고 싶은 말을 적어 두며 행복한 가정에 대한 깊은 마음을 드러냈어요.

건행을 외치는 임영웅

## 다섯 따뜻한 마음

따뜻한 마음을 가진 임영웅의 미담은 쏟아질 정도로 많아요. 임영웅의 사전 녹화를 구경 온 방송국 미화원들을 위해 1층에 자리를 마련해 달라고 부탁한 일, 우연히 목격한 교통사고를 수습하고 도움을 준 일, 끼니를 거를 정도로 어려웠던 무명 시절 여행을 가려는 동생을 위해 용돈을 준 일 등등 기부와 봉사 외에도 자신이 할 수 있는 선에서 남을 도우려 했어요.

## 여섯 긍정과 실천

임영웅은 데뷔 이후 힘든 시간을 겪었기에 좌절이 주는 무게가 얼마나 큰지 알고 있었어요. 일이 잘 풀리지 않더라도 우울과 패배감에 빠져 있지 않고 오히려 먼 미래를 상상하며 자신의 성공을 준비해 왔어요. 임영웅은 자신과 다른 누군가를 비교하는 대신 스스로를 경쟁 상대라 여겼어요. 정상에 오른 지금도 갈 길이 멀었다 생각하며 새로운 도전을 멈추지 않고 있어요.

## 일곱 멈추지 않는 도전

지금의 임영웅은 솔로 가수 가운데 견줄 수 있는 가수가 없을 정도로 최고의 자리에 있어요. 어려웠던 형편, 무명의 설움, 막연한 미래 등을 이겨 냈기에 가능한 일이었지요. 미스터트롯 우승 이후 임영웅은 본업인 노래에 집중하기 위해 활동을 줄였어요. 자신만의 장르를 만들기 위해 노력했지요. 이후 완성도 높은 앨범을 발매하며 팬들에게 감동과 즐거움을 선사했어요. 자신이 가장 잘하는 장르뿐만 아니라 힙합, 댄스 등에 도전하며 입지를 넓혀 갔어요. 이외에도 영화, 공연, 방송, 광고 등 경계를 넘나드는 활동으로 국민적 스타 반열에 오를 수 있었어요.

# 7장

## 국민의 영웅

"

우리가 보는 별은 작아 보여도

실제로는 엄청 큽니다.

팬 여러분들의 사랑도 마찬가지예요.

얼핏 작아 보여도 그 깊이는

어마어마할 것이라 생각합니다.

"

임영웅은 나이와 경력을 뛰어넘어 오로지 트로트를 사랑하는 마음으로 똘똘 뭉친 미스터트롯 멤버들과 함께 활동하며 사람들의 마음을 어루만져 주는 노래를 선보였습니다.

우승 직후 엄청난 인기를 얻게 된 임영웅은 수많은 방송사로부터 섭외가 들어왔지만, 오히려 행사나 외부 활동을 줄여 나갔습니다.

영웅아, 이번에
예능 프로그램 섭외가 들어왔는데
너도 같이 출연하지 않을래?
스윽

마음은 감사한데,
지금은 당장 방송을 늘리는 것보다
제 음악을 완성하고 싶어요.
하하하
긁적

이미 신의 경지에 오른
음악성을 얼마나 더
올리겠다는 거야!
제가 경연에서 불렀던
노래들이 사랑받긴 했지만,
정작 저만의 노래는
부족한 것 같아서요.
척

지금 열심히 앨범 작업 중이에요.
불끈

야, 살살해.
형도 좀 먹고 살자!
추욱
헤헤

심수봉과 나훈아 등 우리나라를 대표하는 트로트 가수와 함께 대형 공연을 열어 큰 반향을 이끌어 낸 KBS는 그 뒤를 이을 새로운 인물로 임영웅을 선택했습니다.

좋은 제안 주셔서
감사합니다.

저희와 함께해 주신다면
방송법에 저촉되지 않는 한
원하는 건 모두 들어드리겠습니다.

출연하겠습니다.
대신 제 출연료는 받지 않을 테니
무대 뒤에서 고생하는 스태프들에게
조금이라도 나눠 주세요.
그리고 팬들을 즐겁게 할 수 있는
무대에 더 투자해 주세요.

씨익

하하하

그럼요.
지상 최대의 스케일로
영웅 님이 돋보일 수 있도록
준비하겠습니다.

임영웅은 미스터트롯 계약 이후 첫 공식 활동으로 단독 공연 <We're HERO>에 출연했습니다. 헬기까지 동원한 역대급 스케일로 많은 주목을 받으며 시작된 공연은 16.1%로 동시간대 최고 시청률을 기록했습니다.

또한 <We're HERO>에서는 임영웅의 데뷔 첫 정규 앨범 신곡을 공개해 팬들의 뜨거운 호응을 이끌어 냈습니다.

2022년 5월 2일, 데뷔 6년만에 발매한 정규 앨범 <IM HERO>의 타이틀 곡 '다시 만날 수 있을까'는 여러 음악 방송에서 1위를 차지했습니다. 이 앨범은 발매 첫날 94만 장 이상이 판매되었고, 발매 3일 만에 100만 장을 돌파해 밀리언셀러에 등극했습니다.

이렇게 큰 상을 받을 날이 있을 거라고 상상도 못했던 시절이 떠오릅니다.

앞으로 더 열심히 해서 정말 멋지고 좋은 음악 들려 드리려고 노력하는 가수가 되겠습니다. 그리고 영웅시대, 제 팬들에게도 너무 감사합니다.

아버지, 보고 계세요? 어머니를 지키는 영웅에서 많은 사람들의 마음을 위로하는 가수가 되었어요.

2022년은 그야말로 영웅 시대였습니다. 임영웅은 '2022 멜론 뮤직어워드'에서 대상을 포함해 5관왕에 오르며 쟁쟁한 가수들 사이에서 존재감을 입증했습니다. 게다가 정규 앨범 수록곡들이 각종 차트 상위권에 들었을 뿐만 아니라 정규 앨범 외의 음원들도 100위권 안에 자리를 지키며 임영웅의 음원 파워를 증명했습니다.

GAME PC방
끼익
여기가 이 근방에서
가장 성능 좋은
PC방이라면서요?
슥
아~ 소문 듣고
오셨군요?
척
저쪽 자리로
가세요.

이번에 임영웅
전국 투어 콘서트 예매
꼭 성공해야 하는데!

휙
11:58
타탁
탁
탁

딸깍
착

안 돼~~!
접속 대기 중입니다.
순서가 오면 다음 단계로 넘어 갑니다.
대기인원 553,682명 이상
예상 대기 시간: 153시간 48분 02초

영웅아, 기사 봤어?
네 콘서트 예매하기가
하늘에 별따기라며?
척
그러니까요.
팬 여러분들이 주신 사랑만큼
멋진 무대로 보답해야 하는데
걱정입니다.

너 맨날 말은 그렇게 하면서
완전 열심히 준비했을 거 다 알아.
그럼 의미로 콘서트 티켓
몇 장만 주면 안 될까?
죄송해요.
티켓은 저희 소속사 사장님도 못 드려요.
형평성에 어긋나면 안 되니까,
형도 정식으로 예매해서 오세요.

우리 같이
동고동락한 세월이 있는데,
너무하다 진짜~!
흐흐
하하하

2022년 5월 6일부터 진행된 21회 공연과 앵콜 콘서트 5회 공연은 전국 7개 도시, 약 24만 명의 관객을 동원하고 전 회차 매진으로 성료되었습니다.

와
와
아
와
오

2022 전국 투어 콘서트는 전 세대를 통합하는 콘서트였습니다. 밴드와 댄스에 아낌없는 투자로 트로트 장르는 물론 발라드, 팝, 락, 힙합 등 차별화된 앵콜송들로 다채로운 무대를 선보였습니다.
제가 이 자리에 올 수 있었던 건 다 여러분 덕분입니다.
그 마음에 늘 보답하며 살겠습니다.

2022년 11월 15일 발매된 디지털 싱글 앨범 <POLAROID>는 뮤직 비디오 2400만 뷰 돌파, 3억 스트리밍이라는 결과를 보이며 끝없는 상승세를 이어 갔습니다.

2023년 6월 5일 발매된 두 번째 디지털 싱글 앨범 <모래 알갱이>는 연이어 음악 방송 3관왕을 달성했습니다. 이 곡은 영화 <소풍>에 삽입곡으로 등장했고, 이때 발생한 수익금은 모두 기부해 선한 영향력을 펼쳤습니다.

2023년 10월 9일 발매된 앨범 <Do or Die>는 인생의 무대 위 주인공이 되어 후회 없는 날을 보내겠단 열정이 담긴 곡으로 임영웅이 작사에 참여했습니다. 이 앨범은 공개 직후 강렬한 퍼포먼스로 화제를 모으고, 국내외 주요 음원 차트를 석권했습니다.

이번에 임영웅 씨
인터뷰하러 간다면서?
스윽

인터뷰 준비하면서 찾아보니,
올해도 생일 기념 기부를 했더라고요?
역시, 국민의 히어로!
아무리 돈을 많이 벌어도
기부하는 게 쉽지 않은데 말이야.

게다가 그 가수에 그 팬이라고.
팬들도 임영웅을 따라
기부와 선행을 한다던데요?
벌써 기부액이
40억이 넘는다는 것 같은데.
척
임영웅의 선한 영향력은 어디까지일까?
아직 젊은 가수인데 정말 대단해.

안녕하세요.
만나 뵙게 되어 영광입니다.
만나서 반갑습니다.

유튜브 구독자 증가 추이가 심상치 않습니다.
벌써 150만 명을 넘으셨다고요?

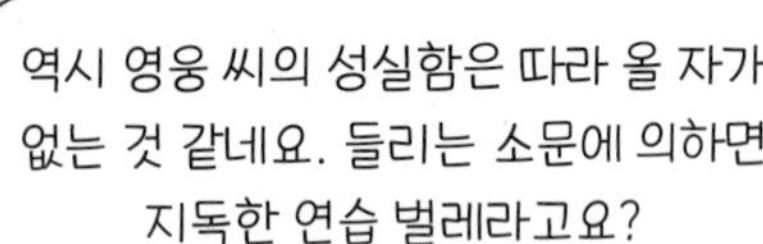
처음 시작할 땐
할 수 있는 게 없어서
시작한 유튜브였어요.
무대에 설 기회가 많지 않아서
작업실에서 찍은 영상을 올리다 보니
어느덧 영상이 600개가 넘었네요.

역시 영웅 씨의 성실함은 따라 올 자가
없는 것 같네요. 들리는 소문에 의하면
지독한 연습 벌레라고요?
노래를 부를 수 있는 수만 개 조합 중에
최적의 소리를 찾고 몸에 익을 때까지
연습하는 편입니다. 기본적으로 연습했다 하면
한 10시간 정도 하는 것 같네요.

척

정말 놀랍습니다. 그리고 영웅 씨 하면
영웅시대를 빼놓을 수 없죠.
팬들에게 한마디 부탁드립니다.

우리가 보는 별은 작아 보여도
실제로는 엄청 큽니다.
팬 여러분들의 사랑도 마찬가지예요.
얼핏 작아 보여도 그 깊이는
어마어마할 것이라 생각합니다.
주신 사랑, 늘 잊지 않고 베풀겠습니다.

지금 제가 가진 것에 비해
너무나 큰 사랑을 받고 있다 생각합니다.
전보다 더 나아지기 위해
계속 고민하고 노력하고 있고요.

지금보다 더 좋은 노래,
선한 영향력 끼칠 수 있게
열심히 하겠습니다.

2022년 전국 투어 콘서트에 이은 이번 앵콜 콘서트는
서울 월드컵경기장에서 진행될 예정입니다. 이번 콘서트도 지난번과 마찬가지로
팬들을 배려한 시설과 서비스를 준비할 예정입니다.

월드컵경기장에서 공연을 하게 된 건 기쁘지만,
지킬 건 지켜야 한다고 생각합니다.
네?

그라운드 객석을 없애고
다른 곳에 돌출 무대를 설치해
잔디 훼손을 최소화했으면 좋겠습니다.
그렇게 되면 객석이 줄고,
일부 수익을 포기해야만 합니다.

그리고 중앙 무대와 잔디 포장 시공은 공연 직전에 이루어졌으면 합니다.

척

그러면 현장 리허설이 어렵습니다.

월드컵경기장에서 공연을 한다 했을 때 모두 잔디 훼손을 걱정했습니다. 조금이라도 잔디를 보호하며 스타디움 공연을 완성시키고 싶어요.

그렇게 되면 또 비용이….

2024년 5월 25일

남/서
게이트

적

팬 여러분들에게
조금 더 멋진 무대를 선보이고 싶었는데,
이런 무대를 꾸밀 수 있어 기뻐!

서울 월드컵경기장에서 열린 앵콜 콘서트는 잔디를 보호하기 위해 그라운드 좌석을 비웠음에도 회당 4만 7천 명 이상의 관객을 동원했습니다. 2일간 진행된 콘서트는 10만 명이 넘는 관객을 동원해 대중음악 역사를 새롭게 써 내려갔습니다.

이번 공연에서 임영웅은 초대 손님 없이 혼자서 스타디움 전체를 활보하며 3시간 가까이 열창을 이어 나갔습니다. 다채로운 퍼포먼스와 마음을 울리는 노래가 경기장에 울려 퍼졌습니다.
임영웅이 이곳에 오기까지의 여정은 고달팠습니다. 하지만 임영웅은 포기하지 않았습니다. 그 결과 타고난 실력, 성실함, 긍정적 사고, 타인을 향한 따스한 마음으로 국민의 영웅으로 거듭날 수 있었습니다. 노래와 선행으로 세상을 감동시킬 그의 여정은 이제부터 시작입니다!

IMHERO

책을 다 읽은 뒤 내용을 되새기고
생각하는 시간도 필요합니다.
책에 대해 주변 사람들과
함께 이야기 나누면 더욱 좋아요!

국민의 영웅

# 임영웅이 궁금해!

## 자신을 짧게 소개해 주세요!

여러분의 마음에 둥지를 튼 트로트 영웅, 임영웅입니다. 어린 시절 아버지를 여의고 어려웠던 가정 형편에 힘든 시기도 있었어요. 하지만 운 좋게 제 재능을 찾았고, 가수가 되겠다는 꿈을 품게 되었어요. 물론 꿈을 이루는 과정은 쉽지만은 않았습니다. 시간을 정기적으로 내서 일을 할 수 없기에 아르바이트도 하지 못하고, 추울 때 춥고 더울 때 덥고 바퀴벌레를 만날 일이 많은 집에서 보냈던 적이 있죠. 하지만 한순간도 가수의 길을 포기하거나 후회한 적은 없었습니다. 그런 시간들 덕분에 감사하게도 많은 팬 여러분들과 만날 수 있게 되었고, 그분들을 위해 노래할 수 있게 되었다고 생각합니다.

## 방송이나 노래 연습 말고 요즘 제일 좋아하는 건 뭔가요?

축구 하는 걸 좋아해요. 보는 것도 좋아하고요. 어렸을 때부터 축구를 좋아했던 것 같아요. 얼마 전에 손흥민 선수랑 함께 경기를 뛴 적이 있어요. 손흥민 선수가 패스한 볼을 골대에 넣고 손흥민 선수의 세레머니 포즈를 따라 했었죠. 축구 외에도 운동은 다 좋아하는 것 같아요. 제가 운동 습득력이 빨라서 배드민턴이랑 스케이트 등등 금방 배우고 따라 할 수 있거든요. 아! 댄스 빼고요. 제가 몸치라 댄스를 익히는 덴 시간이 좀 걸렸어요.

## 노래를 잘하게 된 비결이 있나요?

저는 연습벌레예요. 가수에게 재능도 물론 중요하겠지만, 연습이 가장 중요하다고 생각해요. 노래를 부를 수 있는 여러 가지 조합 중에 최적의 소리를 찾으면 몸에 익을 때까지 연습해요. 한번 연습 시작하면 몇 시간, 조금 오래 하면 10시간 넘게도 하는 것 같아요.

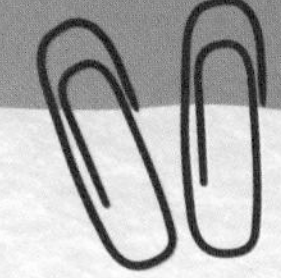

## 임영웅의 노래가 사랑받는 이유는 뭐라고 생각하나요?

제 노래는 자극적이진 않고 슴슴한 맛이 있는 것 같아요. 음식으로 비유하자면 평양냉면 같다고 할까요? 담담하고 담백하고 진심이 담겨 있다는 점에서요.

## 영웅시대의 응원을 받을 때 기분은 어떤가요?

항상 저를 응원해 주시는 팬 여러분들을 볼 때마다 꿈만 같아요. 제 삶을 살게 해 주셨고, 제 꿈을 이룰 수 있게 도와주셨으니까요. 제 전부라고 할 수 있어요. 더 좋은 사람이 되어야 겠단 생각을 하고요. 더 좋은 모습, 멋진 노래로 행복하게 해 드리고 싶어요.

## 꿈을 향해 달려가는 사람들에게 해 주고 싶은 말이 있나요?

간절하게 원하면 온 우주가 도와준다는 말이 있잖아요. 정말 간절하게 바라고 생생하게 꿈꾸면 못 이룰 일이 없는 것 같아요. 물론 좌절하는 순간도 있을 거예요. 저는 그럴 때마다 더 제 자신을 믿고 연습했어요. 일기를 쓸 때 마지막엔 세계 최고의 가수가 될 것이라고 쓰기도 했어요. 자신의 꿈을 생각하고 단단하게 견뎌나가면 언젠가 그 꿈이 이루어져 있을 거예요. 그때까지 모두 힘내셨으면 좋겠습니다.

## 역시 히어로!

그림 이대종

우리는
영웅시대!

이름: 임영웅

생년월일: 1991년 6월 16일

애칭: 임히어로, 임영광, 포천의 아들, 감성장인, 임양봉, 임매너, 웅댕이, 건행맨 등등

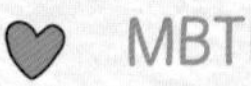

MBTI: INFJ

좋아하는 음식: 갈비, 순댓국, 간장게장, 엄마표 오징어찌개

가장 좋아하는 축구 선수: 리오넬 메시

특이 사항: 1. 밥 먹을 땐 오른손, 글씨 쓸 땐 왼손 사용

2. 무대 체질, 무대에서 떨어본 적 없음

3. 휘파람, 오목을 잘함

| 음반 활동 | | 수상 내역 |
|---|---|---|
| | 2015 | 9월 3일 포천 시민 가요제 최우수상 |
| <미워요 / 소나기> 8월 8일 | 2016 | 2월 14일 KBS 전국노래자랑 포천편 최우수상 |
| <뭣이 중헌디> 1월 2일 | 2017 | |
| <엘리베이터> 3월 28일 | 2018 | |
| <계단말고 엘리베이터> 8월 20일 | | |
| <이제 나만 믿어요> 4월 3일 | 2020 | 3월 14일 내일은 미스터트롯 진 |
| <HERO> 11월 4일 | | |
| <별빛 같은 나의 사랑아> 3월 9일 | 2021 | |
| <사랑은 늘 도망가> 10월 11일 | | |
| 싱글 <IM HERO> 4월 17일 | 2022 | 11월 8일 지니뮤직 어워드 올해의 음원상 |
| 정규 1집 <IM HERO> 5월 2일 | | 11월 26일 제14회 멜론 뮤직 어워드 올해의 아티스트(대상) / 올해의 앨범상(대상) |
| <Polaroid> 11월 15일 | | |
| | 2023 | |
| <모래 알갱이> 6월 5일 | | |
| <DO or Die> 10월 9일 | | |
| <온기> 5월 6일 | 2024 | |

# 내가 좋아하는 임영웅의 노래

풍부한 감성의 소유자 임영웅. 그의 노래는 지친 현대인의 마음을 위로하고 행복함을 일깨워 주어요. 임영웅은 따스한 감성과 세련된 목소리로 어떤 노래든 자신의 노래처럼 소화하는 것으로 유명하기도 하죠.

**임영웅이 부른 노래 중 어떤 노래를 가장 좋아하나요? 그 이유도 간략하게 써 보세요.**

| 노래 | |
|---|---|
| 이유 | |

임영웅이 불러 주었으면 하는 다른 가수의 노래는 무엇인가요?

그 이유도 간략하게 써 보세요.

| 듣고 싶은 노래 | |
|---|---|
| 이유 | |

# 임영웅에게 선물하고 싶어요!

선행의 아이콘 임영웅. 늘 주기만 하는 임영웅에게 선물을 해 볼까요? 예쁜 선물, 실용적인 선물, 기상천외한 선물, 뭐든 좋아요. 어떤 선물을 주고 싶은지 자유롭게 표현해 보세요. 그리고 선물과 함께 임영웅에게 전하는 메시지를 남겨 주세요.

**어떤 선물을 주고 싶나요? 왜 이 선물을 준비했는지 이유도 간략하게 써 보세요.**

| 예시 | |
|---|---|
| 선물 | 수면 안대 |
| 이유 | 스케줄이 너무 많아서 차로 이동할 때 푹 쉴 수 있었으면 하는 마음을 담아 선물하고 싶어요. |

| 선물 | |
|---|---|
| 이유 | |

## 임영웅에게 남기는 응원의 메시지

# 임영웅처럼 선행 천사가 될래요!

임영웅과 영웅시대는 함께 힘을 모아 세상을 아름답게 만드는 선행을 실천하고 있어요. 큰 액수의 돈을 기부하는 모습도 멋지지만 무명 시절 돈이 생기는 대로 기부했던 임영웅의 모습은 많은 감동을 줘요. 임영웅을 본받아 우리가 실천할 수 있는 기부나 봉사 활동을 무엇이 있을지 생각해 보세요.

**지금 당장 내가 할 수 있는 선행은 무엇이 있을까요?**

앞으로 하고 싶은 기부가 있다면, 무엇인지 자유롭게 작성해 보세요.

## 임영웅


**초판 1쇄 발행** 2024년 9월 10일
**초판 2쇄 발행** 2024년 9월 26일

**글** 이혜원 **그림** 이대종 **표지화** 신춘성

**펴낸이** 김선식
**펴낸곳** 다산북스

**부사장** 김은영
**어린이사업부총괄이사** 이유남
**책임편집** 강푸른 **디자인** 김은지 **책임마케터** 김희연
**어린이콘텐츠사업1팀장** 박정민 **어린이콘텐츠사업1팀** 김은지 박세미 강푸른
**마케팅본부장** 권장규 **마케팅3팀** 최민용 안호성 박상준 김희연 송지은
**편집관리팀** 조세현 김호주 백설희 **저작권팀** 이슬 윤제희 **제휴홍보팀** 류승은 문윤정 이예주
**재무관리팀** 하미선 윤이경 김재경 임혜정 이슬기 김주영 오지수
**인사총무팀** 강미숙 지석배 김혜진 황종원
**제작관리팀** 이소현 김소영 김진경 최완규 이지우 박예찬
**물류관리팀** 김형기 김선민 주정훈 김선진 한유현 전태연 양문현 이민운

**출판등록** 2005년 12월 23일 제313-2005-00277호
**주소** 경기도 파주시 회동길 490
**전화** 02-704-1724 **팩스** 02-703-2219
**다산어린이 카페** cafe.naver.com/dasankids **다산어린이 블로그** blog.naver.com/stdasan
**종이** 한솔PNS **인쇄 및 제본** 상지사 **코팅 및 후가공** 제이오엘앤피

ISBN 979-11-306-8860-2 14990